AF177188

Volker Ufertinger

München

1 Alter Hof
2 Marienplatz mit Mariensäule
3 Alter Peter
4 heutiger Viktualienmarkt
5 heutiges Rathaus
6 Residenz
7 Hofgarten
8 heutiger Stachus
9 Weg nach Schwabing
10 Weg nach Sendling
11 heutige Ludwigsbrücke
12 Isartor

Volker Ufertinger

München

Die Kinder-Uni erzählt die
Geschichte der Stadt

Mit Illustrationen von
Bernd Wiedemann

Deutsche Verlags-Anstalt

Eine Stadt feiert Geburtstag

München hat Geburtstag. Könnte ja sein, dass es noch nicht alle wissen. Also weitersagen! Und weil es sich gehört, dass man zum Geburtstag gratuliert, sagen wir von ganzem Herzen: Alles Gute, liebes München! Bleib so schön und beschaulich, wie Du bist.

Wie alt München nun eigentlich ist? Na, 850 Jahre. Gemessen an einem Menschenleben ist das viel. Aber für eine Stadt ist es eher wenig. Es gibt Siedlungen, die können auf eine viel längere Geschichte zurückblicken. Auch in Bayern gibt es Orte, an denen schon bald nach Christi Geburt aus Siedlungen der alten Römer richtige Städte entstanden sind. Zum Beispiel Augsburg oder Regensburg. Rechnet man sich das mal aus, kommt man zu dem Ergebnis, dass sie mehr als doppelt so alt sind wie München. Aber irgendwann hat die Stadt an der Isar es geschafft, den alten Römersiedlungen den Rang abzulaufen. Jetzt heißt die Hauptstadt von Bayern eben München. Die relativ junge Stadt hat richtig Karriere gemacht.

Die größte deutsche Stadt ist Berlin mit 3,4 Millionen Einwohnern. Die zweitgrößte Stadt ist Hamburg mit 1,7 Millionen Einwohnern. Die drittgrößte München mit 1,3 Millionen Bewohnern. Die viertgrößte Stadt, Köln, hat knapp eine Million Einwohner. Berlin, Hamburg und München sind kurz nach der Wende zum zweiten Jahrtausend gegründet worden. Köln ist viel älter: Es wurde schon 50 nach Christus von den Römern errichtet.

Aber woher will man überhaupt wissen, wann eine Stadt sozusagen das Licht der Welt erblickt hat? Bei Menschen ist die Sache klar: Das Datum steht im Personalausweis. So ähnlich verhält es sich auch bei Orten. Das maßgebliche Dokument ist die älteste Urkunde, in der eine Stadt überhaupt erwähnt wird. Im Fall von München handelt es sich um den Richterspruch eines Kaisers – des berühmten Kaisers Barbarossa. Spätestens zu diesem Zeitpunkt muss eine kleine Siedlung an der Isar existiert haben. Vielleicht standen auch vorher schon ein paar Häuser auf Münchner Grund. Aber darüber weiß man eben nichts. Deshalb gilt der Tag, an dem die Urkunde unterzeichnet wurde, der 14. Juni 1158, als offizieller Geburtstag der Stadt München.

Das kleine Buch hier erzählt ein paar wichtige Episoden der Stadtgeschichte. Außerdem kann es als eine Art Stadtführer benutzt werden. Wer immer schon mal wissen wollte, warum zum Beispiel die Isar grün ist und welche Rolle sie für München gespielt hat, kann das Buch einfach in die Tasche stecken, mit den Eltern hinmarschieren und das entsprechende Kapitel zum Plätschern des Flusses lesen. Und wer Lust hat, kann dazu die Zehen in die kühlen Fluten stecken.

Warum ist die Isar grün?

Wer sich die Landkarte genau anschaut, sieht es auf einen Blick: Viele Städte liegen an Flüssen. Berlin liegt an der Spree, Hamburg an der Elbe – und München an der Isar. Das hat einen einfachen Grund. Flüsse waren viele hundert Jahre lang, vor der Erfindung von Eisenbahn und Auto, der wichtigste Transportweg. Baumaterial und alle möglichen Handelswaren wurden auf den Wogen der Flüsse herangeschafft.

Zwischen Spree, Elbe und Isar gibt es jedoch einen Unterschied: Die Isar ist ein quicklebendiger Gebirgsfluss, ziemlich seicht und deshalb für Schiffe nicht geeignet. Sie entspringt ungefähr 130 Kilometer südlich von München in den österreichischen Bergen. Dann bahnt sie sich ihren Weg über breite Kiesbänke in Richtung Norden, eilt durch München hindurch und mündet in der Nähe von Deggendorf in die Donau. Von der Quelle bis zur Mündung legt der Fluss 295 Kilometer zurück – damit gehört er zu den mittelgroßen in Deutschland. Wer heute die Zehen in die Isar hält, kann es sich kaum mehr vorstellen, dass sie jahrhundertelang die Menschen in Angst und Schrecken versetzt hat. Immer wieder überflutete sie München, riss Häuser nieder und brachte Menschen den Tod. Im Jahr 1813 stieg die Isar so hoch, dass unter dem Druck des Wassers eine Brücke einbrach. Zu diesem Zeitpunkt standen etwa 100 Menschen auf der Brücke, sie alle kamen in der Isar um. Erst in den Jahrzehnten danach war die Technik so weit, dass man die Isar eindämmen konnte. Man legte ein kompliziertes Kanalsystem an, das die

Münchner einigermaßen ruhig schlafen ließ. Der wilde Gebirgsfluss war gezähmt.

Da die Isar nicht schiffbar war, man sie aber dennoch als Transportweg nutzen wollte, behalf man sich mit Flößen. Das Holz für die Flöße fand sich in den baumreichen Gegenden weit vor der Stadt, bei Mittenwald, Wolfratshausen oder

Bad Tölz zum Beispiel. In einem wilden Ritt ging es dann die Isar hinab bis nach München. Und was taten die Flößer dort? Nun, sie verkauften ihren fahrbaren Untersatz für gutes Geld. Denn der Rohstoff Holz war sehr gefragt. Gerade in der Frühzeit der Stadt konnten sich nur wenige Menschen Häuser aus Stein leisten. Also griff man auf Holz, genauer: auf das Holz der Flöße zurück. Später transportierte man auch Früchte, Gewürze, Baumwolle, Seide und Wein auf den schmalen Holzgefährten. Doch wehe dem, der sich an der kostbaren Fracht verging! Einem Flößer, der sich unerlaubter Weise einen Schluck Wein genehmigte, konnte im schlimmsten Fall sogar die Hand abgehackt werden.

> Anders als vor einigen Jahrzehnten ist die Isar heute wieder sauber. München zählt deswegen zu den wenigen Großstädten, in deren Fluss man baden kann. Das Wasser wird im Oberlauf mit ultraviolettem Licht bestrahlt, und das tötet die Keime fast zu 100 Prozent ab.

Die Flößerei wurde überflüssig, als sich die Waren mit modernen Mitteln einfacher und billiger transportieren ließen. Endgültig Schluss war vor etwa 60 Jahren. Heute existiert die Flößerei zwar noch als Gewerbe, aber es dient nur noch dem Spaß. Wie die alten Haudegen kann man sich Richtung Stadt schippern lassen. Das Isarwasser spritzt lustig in die Höhe, eine Kapelle spielt auf, und für Getränke ist auch gesorgt. Allerdings verkauft der Flößer sein Floß heute nicht mehr. Nein, er löst es wieder auf und bringt die mächtigen Stämme zurück nach Wolfratshausen, wo er sie für die nächste Fahrt wieder zusammenbindet.

Da war aber noch eine Frage offen. Nämlich: Warum ist die Isar grün? Nun, in Wirklichkeit hat das Isarwasser überhaupt keine Farbe. Wenn man es mit der Hand schöpft, sieht man, dass es durchsichtig ist, gerade so, als hätte irgendjemand in den Bergen droben einen riesigen Wasserhahn aufgedreht. Es wirkt an manchen

Tagen nur so, als wäre die Isar grün. Das liegt an den winzigen Kalkpartikeln, die sie aus dem Karwendelgebirge mitbringt, in dem sie entspringt. Wenn die Sonne scheint, dann bricht sich das Licht an den Myriaden Schwebteilchen und lässt das Wasser grünlich leuchten. Es sind diese Tage, an denen die Münchner ihre Isar besonders lieben.

Wer hat München gegründet?

Einfache Frage, einfache Antwort: Der Gründer von München hieß Heinrich. Er war ein paar Jahre lang Herrscher über Bayern, von 1156 bis 1180, um genau zu sein. Mit 20 Jahren wurde er von Kaiser Barbarossa (der eigentlich Friedrich I. hieß, aber Barbarossa, das heißt Rotbart, genannt wurde) dazu berufen. Was man in den Geschichtsbüchern so liest, war Heinrich ziemlich ehrgeizig und skrupellos. Deswegen gab er sich auch den Beinamen »der Löwe«. Der galt damals schon als der König der Tiere. Das sollte zeigen: Ich verlange Macht, sehr viel Macht. Dass es ihm damit Ernst war, zeigte sich schon bei einer seiner ersten Amtshandlungen – der Gründung Münchens.

Dazu muss man folgendes wissen: Um die Jahrtausendwende gab es schon eine blühende Stadt an der Isar. Ihr Name: Freising. Die Stadt war reich, weil sie eine Brücke über die Isar besaß, über die das wertvoll-

ste Gut transportiert wurde, das es damals überhaupt gab: Salz. Es war so enorm kostbar, weil es dazu diente, Lebensmittel haltbar zu machen. Das war in der Zeit vor der Erfindung des Kühlschranks ungeheuer wichtig.

> *Am Ort der ersten Isarbrücke steht heute die Ludwigsbrücke. Sie führt über die Insel, auf der das Deutsche Museum steht, und verbindet als große Verkehrsader die Innenstadt mit Haidhausen.*

Die Händler aus Bad Reichenhall, wo das Salz abgebaut wurde, mussten auf ihrem Weg nach Augsburg, wo sie das begehrte Gut verkaufen wollten, irgendwo die Isar überqueren. Dazu nutzten sie vor allem die Brücke in Freising. Die dortigen Herrscher – es waren Bischöfe – erlaubten das, allerdings gegen reichlich Zoll.

So eine Einnahmequelle wünschte sich Heinrich auch. Kaum in Amt und Würden, tat er etwas, was man heute kriminell nennen würde: Er ließ die Freisinger Brücke einfach niederbrennen. Lichterloh brannte es damals über dem Strom. Dann baute er ein Stückchen flussaufwärts, in seinem Einflussbereich, eine neue. Von nun an fuhren Salzhändler über Heinrichs Brücke und füllten mit ihrem Zoll seinen Geldbeutel. Mit dem Bau der Brücke gründete Heinrich auch gleich noch eine neue Stadt: München. Den Menschen, die dort siedelten, gestattete er, einen eigenen Markt abzuhalten und eigene Münzen zu prägen.

Natürlich war der Bischof – er hieß Otto – über die Gewalttat Heinrichs verärgert. Also bat er den mächtigen Kaiser Barbarossa um Hilfe. Die drei hohen Herren (die zudem alle miteinander verwandt waren) trafen sich am 14. Juni 1158 in Augsburg. Barbarossa wollte keinen Streit und vermittelte einen Kompromiss. Der besagte: Heinrichs Brücke durfte stehen bleiben und München seinen Markt behalten. Im Gegenzug sollte Heinrich jedoch ein Drittel seiner Einnahmen an Freising abtreten. Diese Regelung wurde in aller Kürze, auf 15 Zeilen, protokolliert und zwar in lateinischer Sprache. Das ist die Urkunde, die München als Stadt »apud Munichen« zum ersten Mal erwähnt. Das Dokument existiert noch: Es liegt im Bayerischen Hauptstaatsarchiv an der Münchner Ludwigstraße.

> *Erst 1852 stellte die Stadt München die im Vertrag von 1158 vereinbarten Zahlungen ein. Mit 987 Gulden kaufte man sich von der Verpflichtung aus den frühesten Tagen frei.*

Mit Heinrich nahm es übrigens kein gutes Ende. Er legte sich irgendwann nach dem Augsburger Treffen auch noch mit Barbarossa an und endete im Exil in England. München hingegen, seine Schöpfung, wuchs immer weiter. Der Marktplatz, der später in Marienplatz umgetauft wurde, war und blieb Zentrum der neuen Stadt. Hier kreuzten sich die neue Salzstraße, die Bad Reichenhall mit Augsburg verband, sowie das kleine Gässchen, das von Sendling nach Schwabing führte – diese Achse kann man heute noch auf Stadtplänen gut erkennen. Händler kamen, Metzger und Fuhrleute. Es gab Märkte und Hochzeiten, aber auch Turniere und

Mehr als 600 Jahre lang blieb die erste Münchner Brücke über die Isar auch die einzige. Erst im Jahr 1804 wurde eine zweite gebaut, und zwar bei Bogenhausen. Es gibt das Gerücht, dass sie der Graf Montgelas (1759–1838), der berühmte Ratgeber des ersten bayerischen Königs, mehr für sich selbst als für die Münchner Bürger hat bauen lassen. Er wohnte nämlich in Bogenhausen. Inzwischen führen viele Brücken über die Isar.

Hinrichtungen in dem neuen Stadtzentrum. Um sich vor Feinden zu schützen, wurde schon in den ersten Jahren ein dicker Mauerring errichtet. 2500 Einwohner fanden darin Platz – sie waren sozusagen die Ur-Münchner. Sehr viele Menschen sind das im Rückblick nicht gewesen. Aber ein Anfang war gemacht.

Woher kommt der Name München?

Bevor wir uns diese Frage stellen, müssen wir uns eines klar machen: In der Wissenschaft – und wir sind hier ja die Kinder-Uni – gibt es oft verschiedene Meinungen. Sie sollten natürlich gut begründet sein. Man nennt das Theorien. Bei der Frage, woher der Name München kommt, gibt es zwei davon.

Die erste Theorie besagt: Apud Munichen, wie es in der Urkunde heißt, bedeutet so viel wie »bei den Mönchen«. Demnach hätten also vor Heinrichs Zeiten Geistliche an der Isar gewohnt. Um den neuen Markt zu bezeichnen, brauchte man in der Urkunde nur auf diese allgemein bekannte Tatsache hinzuweisen. Und tatsächlich, ein paar Jahrhunderte zuvor waren im Umland große Klöster gegründet worden. Sie gehörten den Benediktinern, einem Orden, der aus Italien kam und der sich vor allem in Bayern niederließ. Die Klöster lagen südlich der Stadt, nämlich in Tegernsee und in Schäftlarn. Nun könnte es doch sein, so die Anhänger der ersten Theorie, dass sich ein paar dieser Mönche aufmachten, um die Einsamkeit ihrer Klöster mit der noch größeren Einsamkeit am Isarufer zu vertauschen. Als Siedlung habe sich die Schar den Petersberg gewählt, also jene winzig kleine Erhebung, auf der heute der Alte Peter steht. Man hat auch behauptet, dass gewisse Mauerreste dieser Kirche älter sein müssten als 1158 – doch so ganz sicher ist die Sache nicht.

In den letzten Jahren ist eine neue Theorie aufgetaucht. Demnach hätten die Europäer in grauer Vorzeit eine Art Ursprache gesprochen: eine Sprache, die mit dem Baskischen verwandt ist. Wer regelmäßig die Nachrichten sieht, weiß, dass es die Basken heute noch gibt. Sie sind ein kleines Volk, das im Süden von Frankreich

> Die Stadt München ist im Lauf der Jahrhunderte immer mehr gewachsen und hat dabei auch Orte »geschluckt«, die älter waren und ursprünglich außerhalb der Stadtmauern lagen. Schwabing etwa ist ein paar hundert Jahre älter als München. Es wurde 1890 eingemeindet und liegt nun mitten in der Stadt. Das gleiche gilt für Sendling wie für 60 weitere ehemalige Dörfer, die Stadtteile wurden. Noch heute gibt es Menschen, die sich eher als Schwabinger, Sendlinger oder sonst als Bewohner eines uralten Stadtteils empfinden.

und im Norden von Spanien wohnt. Tatsächlich sprechen die Basken eine ganz besondere Sprache, die nicht die geringste Ähnlichkeit mit anderen europäischen Sprachen hat. Nun gibt es Wissenschaftler, die davon ausgehen, dass vor vielen tausend Jahren die Basken in ganz Europa gehaust haben. Erst auf der Flucht vor der letzten Eiszeit, vor etwa 20 000 Jahren, seien sie auf jenes relativ kleine Territorium zusammengedrängt worden, das sie heute noch bewohnen. Zurückgelassen hätten sie jedoch überall in Europa ihre Ausdrücke für Flüsse und Orte – zum Beispiel München. Demnach wäre der Name München eigentlich ein baskischer Ausdruck. Und tatsächlich findet man in baskischen Lexika das Wort Mun. Es bedeutet so viel wie Ufer oder Böschung. München wäre also demnach ganz einfach: die Stadt am Ufer.

Wer ist das Münchner Kindl?

Ja, ja, das Münchner Kindl! Die Einheimischen lächeln milde, wenn davon die Rede ist. Schließlich haben sie das kleine Kind, eingehüllt in eine schwarz-gelbe Mönchskutte, in ihr Herz geschlossen. Das Münchner Kindl ist das beliebte Sinnbild für ihre schöne Heimatstadt. Auf Bierflaschen, auf Postkarten, auf Plakaten – überall ist es zu finden. Sogar hoch oben auf der Spitze des Rathauses am Marienplatz kann man sehen, wie es segnend die Arme ausbreitet. Wo das Kindl ist, da ist auch München. Aber wer ist es eigentlich?

Zur Beantwortung dieser Frage müssen wir wieder in die Vergangenheit reisen, genauer: in die Zeit kurz nach Heinrichs Brückenbau. Denn die rasant wachsende Stadt brauchte irgendwann ein Wappen. Jeder, der es sah, sollte sofort an München und seine Machtfülle denken. Die meisten Städte erfanden damals für sich ein aussagekräftiges Symbol. Berlin zum Beispiel hatte irgendwann seinen Bären, Hamburg führte ein großes Stadttor im Wappen. Und München? Hier entschied man sich für einen Mönch. Mit der rechten Hand erteilt er seinen Segen, in der linken Hand hält er die Bibel. Seine Kutte ist anfangs einfach nur schwarz. Später kommt ein gelbes Kreuz dazu. Der Mönch ist heute noch das Symbol der Stadt, und wer die Augen offen hält, sieht ihn auf Kanaldeckeln und auf den Wagen der Straßenbahn ebenso wie auf der Uniform von Polizisten. Die Farben der Stadt sind immer noch schwarz und gelb.

Mit so einem Respekt einflößenden Hoheitszeichen war natürlich nicht zu spaßen. Erst ein paar Künstler

des 19. Jahrhunderts trauten sich, damit zu experimentieren. Vielleicht kennt der eine oder andere Leser ja den deutschen Skifahrer Felix Neureuther. Der hatte einen Ururgroßvater, der mit dem Pinsel genauso geschickt war wie sein Nachfahre auf den Brettern. Er hieß Eugen Neureuther und gehörte einem Münchner Künstlerkreis an. Dort verwandelte man spaßeshalber den Mönch in ein Kind, wobei das Gewand das alte blieb: Das Münchner Kindl war geboren, eine verniedlichte Form des altehrwürdigen Mönchs. Und die Erfindung des Kindls traf sich ausgezeichnet. Denn München entwickelte sich im 19. Jahrhundert zu einer berühmten Bierstadt, die ein neues Symbol brauchte – und dafür war das Kindl wie geschaffen. Viele Firmen bildeten das Münchner Kindl wie eine Comic-Figur ab. Statt einer Bibel hielt es eine Mass Bier in der Hand, statt zu segnen, winkte es mit einer Brezn ins Volk. Es war die Reklamefigur für München schlechthin.

> *Wer von sich behauptet, er sei ein Münchner Kindl, meint damit, dass er in München geboren ist. Das ist in München, einer Stadt mit vielen Zuzüglern (oder Zuagroasten, wie man in Bayern sagt), etwas Besonderes.*

Heutzutage macht das Münchner Kindl einmal im Jahr groß von sich reden – nämlich wenn das Oktoberfest beginnt. Da schlüpft ein junges Mädchen in die schwarz-gelbe Mönchskutte und führt die Wirte an, die in einem prächtigen Zug auf das Festgelände fahren. Auf dem Rücken eines schweren Brauereipferds (es heißt Schorschi und wiegt eine Tonne) kommt es als allererstes auf der Wiesn an. Noch vor dem Bürgermeister von München und noch vor dem Ministerpräsidenten von Bayern. Das Kindl winkt in die Menge, die Menschen am Rand klatschen in die Hände. In diesem Moment schaut die ganze Welt auf München. Und auf das Münchner Kindl ganz besonders.

Wer ist der Alte Peter?

St. Peter ist die älteste Kirche der Stadt, und sie steht dort, wo die Besiedlung ihren Anfang nahm. Heute dient sie Einheimischen und Gästen vor allem als Aussichtspunkt. Über 306 Stufen führt ein enger Gang im Turm nach oben. Das bedeutet eine kleine Anstrengung, aber sie lohnt sich. An klaren Tagen sieht man in der Ferne die Alpen, und man kann zuschauen, wie unten die Menschen durch die Stadt hasten. Besonders eindrucksvoll ist es, wenn am Samstagnachmittag um 15 Uhr alle acht Glocken gleichzeitig ertönen, um den Sonntag einzuläuten. Dann schwankt der Turm ganz leicht unter der Macht der Glockenschläge. So manchem ist da oben dann richtig mulmig geworden.

Die Kirche ist dem Apostel Petrus geweiht. Die Apostel waren die frühesten Anhänger und Verkünder von Jesus. Unter ihnen spielte Petrus (das ist Lateinisch und bedeutet Fels) eine besondere Rolle, denn zu ihm soll

Jesus laut Bibel gesagt haben: Auf dich will ich meine Kirche bauen. Das heißt: Petrus war so etwas wie der erste Papst. Und genau das zeigt der Altar der Kirche. Man sieht Petrus mit einer gewaltigen Krone auf dem Kopf, wie er vier Kirchenführern zu seinen Füßen aus der Bibel vorliest. Um ihn herum wallt ein roter Vorhang. Man kann es sich leicht vorstellen, dass der Vorhang fällt, sobald Petrus zu lesen aufhört. Solche Altäre, die an eine Theaterszene erinnern, waren eine Zeitlang Mode in Europa – dieser Altar stammt aus der Zeit um 1490. Übrigens gibt es in München den alten Brauch, dass man dem Petrus die Krone abnimmt, wenn ein Papst stirbt. Erst wenn ein neuer Papst in sein Amt eingeführt worden ist, wird sie ihm wieder aufgesetzt.

Dreimal wurde der Alte Peter zerstört. Das erste Mal, im Jahr 1327, brach in der Nähe ein Feuer aus, worauf große Teile des alten Münchens verbrannten – darunter auch die älteste Kirche am Ort. 1607 schlug ein Blitz in den Turm ein, der so hoch in den Himmel ragt. Und

> *Dort, wo heute Touristen den Blick über München genießen, lebte lange Zeit der Münchner Turmwächter. Bis 1936 tat er Dienst oben auf dem Alten Peter, um bei drohenden Katastrophen, vor allem bei Feuer, Alarm zu schlagen.*

zum dritten Mal geschah es im Zweiten Weltkrieg. So lange ist das noch gar nicht her: Im Februar 1945 trafen zwei Bomben aus der Luft den altehrwürdigen Bau und ließen kaum die Außenmauern stehen. Es schien, als sei die Kirche nicht zu retten, und so wollte man die Reste

sprengen. Die Bohrlöcher für die Dynamitstangen waren bereits angebracht – als sich der damalige Pfarrer, der Prälat Max Zistl (nach ihm heißt eine Straße in der Nähe) für die Rettung stark machte.

Man hätte es wie nach früheren Katastrophen machen und eine völlig neue Kirche im Stil der neuen Zeit bauen können. Aber genau dagegen sträubten sich die Münchner. Sie wollten ihren Alten Peter wiederhaben.

Ohne reichlich Spendengelder konnte das natürlich nicht funktionieren. Deshalb beteiligte sich der Bayeri-

Die Münchner haben eine Stadthymne und die geht so: »Solang der Alte Peter / Am Petersbergl steht / Solang die grüne Isar / Durchs Münchner Stadterl geht / Solang da drunt am Platzl / Noch steht das Hofbräuhaus / Solang stirbt die Gemütlichkeit / bei de Münchner niemals aus / Solang stirbt die Gemütlichkeit / bei de Münchner niemals aus.« Die Melodie stammt von dem Wiener Carl Lorens (1851–1909), der damit den Wiener Stephansdom besungen hatte: »Solang der Alte Steffl ...« Die Münchner haben das Lied einfach für ihre Zwecke umgedichtet.

sche Rundfunk an der Rettungsaktion. Er hatte die Melodie des Lieds »Solang der Alte Peter« als Pausenzeichen eingeführt (man hört es heute noch beim Verkehrsfunk). Um die Zuhörer daran zu erinnern, dass das berühmte Wahrzeichen Münchens noch immer in Trümmern lag, spielte man die Melodie unvollständig. Es fehlte der Ton für die letzte Silbe, und so erklang »Solang der Alte Pe ...«

> *Wer den Kirchturm betrachtet, hat sich vielleicht schon darüber gewundert, dass auf jeder Seite zwei Uhren zu sehen sind – insgesamt also acht. Man hat den Münchner Komiker Karl Valentin einmal gefragt, warum es denn gleich acht Uhren sein müssten. Er antwortete auf seine typisch kauzige Art: »Ja mei, damit halt acht Leute gleichzeitig auf die Uhr schauen können ...«*

1951 war es geschafft: Das Kreuz wurde wieder auf dem Turm angebracht, die Außenfassade vollendet. Im Inneren dauerte es allerdings viel länger, die Kirche in den ursprünglichen Zustand zu versetzen: Erst im Jahr 2000 sah das Deckengemälde wieder so aus, wie es die Münchner vor dem Krieg bewundert hatten. Übrigens nahm der Maler echte Münchner Kinder zum Vorbild für seine Engel.

Warum ist die Frauenkirche so groß?

Die Münchner sehen ihr wichtigstes Wahrzeichen, die grünen Kuppeln der Frauenkirche, fast auf Schritt und Tritt. Das ist kein Zufall: Es gibt eine Verfügung der Stadtväter, dass in München kein Gebäude entstehen darf, das höher in den Himmel ragt als die beiden 98 Meter hohen Türme.

Auf einer Plakette in der Nähe des Eingangs steht zu lesen: »Unserer Lieben Frau«. Damit ist Maria gemeint, die Mutter von Jesus. Es ist ein Ehrentitel, den man sich im Mittelalter ausgedacht hat, also in jener Zeit, in der die Frauenkirche entstanden ist. Sie ist keineswegs die Einzige ihrer Art: Auch anderswo existieren Kirchen, die Maria geweiht sind.

Die erste Fotografie, die überhaupt in Deutschland geschossen wurde, im Jahr 1839, zeigt die Frauenkirche. Angefertigt haben sie zwei Münchner Professoren, Carl von Steinheil und Franz von Kobell.

Der Bau der Frauenkirche verdankt sich der Bevölkerungsexplosion Münchens im Mittelalter. Es gibt eine Sage, die erklärt, warum die kleine Kapelle, die vorher an dieser Stelle stand, durch einen gewaltigen Dom ersetzt wurde. Angeblich ist ein junges Mädchen bei einem Gottesdienst zusammengebrochen und gestorben, weil es nicht gelang, sie rechtzeitig aus der überfüllten Kirche an die frische Luft zu schaffen. Daraufhin soll sich der Herzog geschworen haben, eine so geräumige Kirche zu bauen, dass ein ähnliches Unglück nie wieder passieren könne. Wahrscheinlicher ist allerdings, dass die stolzen Münchner durch den Riesenbau ein Zeichen setzen wollten. Um 1450 lebten 13 000 Menschen in der Stadt. Der Dom jedoch bot 20 000 Gläubigen Platz, mehr, als es überhaupt Münchner gab!

Die Stadtväter betrauten mit dem ehrgeizigen Projekt einen gewissen Jörg von Halsbach, den man auch Ganghofer nannte. Wenig ist von ihm bekannt, wie von vielen Künstlern der damaligen Zeit. Seine sterblichen Überreste liegen im nördlichen Turm begraben. Er entschied sich dafür, das Gotteshaus aus Ziegeln zu errichten. Hätte er sich für Stein als Rohstoff entschieden, hätte der Bau viel länger gedauert, denn um München herum gab es kaum Steinbrüche. Ziegel aber, die nichts anderes sind als gebrannter Lehm, ließen sich vor Ort ohne weiteres herstellen. Fünf Jahre lang lieferten jeden Tag zehn Pferdefuhrwerke die roten Ziegelsteine an. Außerdem brauchte man Holz, sehr viel Holz. Floß um Floß landete in München an – was wieder zeigt, dass es München ohne die Isar als Wasserweg so gar nicht gäbe. In Rekordzeit war die Frauenkirche fertig. 1468 wurde der Grundstein gelegt, und 1488 waren die Türme bereits vollendet.

Aber eben nur die Türme. Die berühmten Kuppeln fehlten noch. Stumpf ragten die Türme in den Himmel, fast 40 Jahre lang. Denn: Die Münchner sträubten sich gegen runde Kuppeln. Die waren als neueste Mode aus Italien nach Bayern gelangt. Ein altes Wort für »italienisch« ist »welsch«, daher nannte man die ungeliebten Kuppeln in München »die welschen Hauben«. Erst

1525 wurden sie aufgesetzt. Wie schwer sich die Einheimischen mit ihnen taten, zeigt die Tatsache, dass man noch Ende des 19. Jahrhunderts mit dem Gedanken spielte, sie durch Spitzen zu ersetzen.

So hoch die Frauenkirche auch ist, sie ist keineswegs die höchste Backsteinkirche der Welt. Die steht im benachbarten Landshut. Der Turm der Martinskirche ist 130 Meter hoch. Sie war so etwas wie ein Konkurrenzprojekt zur Frauenkirche, denn auch in Landshut residierten damals Wittelsbacher. Der Wettbewerb ging unentschieden aus. Die Münchner waren schneller (20 Jahre Bauzeit gegenüber 120 Jahren). Dafür haben die Landshuter ihr Gotteshaus höher in den Himmel gebaut.

Wer den Frauendom betritt, wird an der Schwelle einen schwarzen Fußabdruck finden. Mit ihm verbindet sich, wie mit der Entstehung des Gotteshauses, eine Sage. Angeblich soll der Teufel Jörg von Halsbach seine Hilfe versprochen haben, wenn der die Kirche ganz ohne Fenster baue. Denn, so der Gedanke des Teufels, eine Kirche ohne Fenster wird kein Mensch aufsuchen. Als Meister Jörg fertig war, strömten die Münchner aber doch hinein. Darüber wunderte sich der Höllenfürst. Er stellte sich in den Eingang, um sich zu überzeugen, dass ihn der Baumeister nicht angelogen hatte. Doch genau für diesen Moment hatte der Künstler vorgesorgt: Von einer bestimmten Stelle aus konnte man tatsächlich kein Fenster sehen – der Hauptaltar verdeckte damals noch das Fenster im Mittelschiff. Wütend stampfte der

Teufel auf den Boden – und hinterließ angeblich einen
Abdruck. Tatsächlich ist der berühmte Fußabdruck erst
im 17. Jahrhundert entstanden. Vermutlich handelte es
sich um einen Scherz der Handwerker, die den Dom
neu pflasterten. Aber sollte die Sage trotz allem stim-
men, dann hätte der Teufel Schuhgröße 42.

Warum heißt München auf Bairisch »Minga«?

An Orten, wo der baierische Dialekt noch gesprochen wird, heißt München Minga. Warum? Es ist einfacher auszusprechen, es geht leichter über die Lippen. Die Bayern gelten allgemein als ein bisschen maulfaul. Das ist auch der Grund, warum sie sich beim Aussprechen ihrer Hauptstadt nicht mehr Mühe machen als unbedingt nötig. Dass es wirklich bequemer ist, Minga zu sagen, können alle ausprobieren. Machen wir ein kleines Experiment.

Fangen wir beim *ü* an. Jetzt sagen alle mal: ü-ü-ü-ü-ü-! Gemerkt? Wir müssen die Lippen rund machen. Das ist immerhin ein gewisser Aufwand. Es geht auch einfacher, nämlich wenn wir die Lippen nicht rund machen. Jetzt sagen wir noch einmal ü-ü-ü-ü-ü, nur mit dem Unterschied, dass wir Ober- und Unterlippe nach und nach zurückgehen lassen. So, als würden wir mittendrin anfangen zu lächeln. Gemerkt? Aus ü-ü-ü-ü-ü wird i-i-i-i-i. Wenn ihr alles richtig gemacht habt, hat das jetzt nach ü-ü-ü-ü-ü-ü-i-i-i-i-i geklungen. Wissenschaftler schätzen, dass man in Bayern vor ungefähr 700 Jahren aufgehört hat, die Lippen rund zu machen und komplizierte Umlaute zu sprechen. »Entrundung« nennen sie das. Damals fing man in Bayern an, statt Strümpfe »Strimpf« zu sagen, statt Hütten »Hitten«, statt Schüssel »Schissel«.

Damit wären wir aber noch nicht fertig. Schließlich muss man auch noch erklären, wie aus dem *ch* in München ein *g* werden konnte. Wer will, kann es ja spaßeshalber ausprobieren, ein *ch* vor sich hin zu sprechen.

Das *ch* steckt tief im Rachen, und wenn man es lange genug macht, wird man es hinten im Mund kratzen spüren. Das *ch* als solches ist einfach anstrengend. Sagen wir alle mal: ch-ch-ch-ch-ch. Halt, nicht zu oft! Man kann ja richtig Halsweh kriegen dabei! Versuchen wir es mit g-g-g-g-g. Und? Ist doch viel angenehmer, wenn die Zunge leicht gegen den Gaumen schlägt, oder? Die Dialektforscher sagen, dass die Bayern vor vielen hundert Jahren aufgehört haben, sich mit dem *ch* herumzuplagen und lieber ein *g* gesprochen haben.

Um von München zu Minga zu kommen, brauchen wir jetzt also nur noch eins: Das *a* am Schluss. Man sieht gleich, dass da aus zwei Buchstaben (en) nur ein Buchstabe (a) geworden ist. Auch das *a*, bei dem man nur den Mund offen stehen lassen braucht, macht deutlich weniger Mühe als die Lippen in die Breite zu ziehen, um ein *en* zu formen. Und nun noch mal von vorn. Wir sagen Buchstabe für Buchstabe: M-Ü-N-CH-EN. Und jetzt: M-I-N-G-A. War doch viel leichter, oder?

Übrigens ist es in München mittlerweile wieder üblich, die Stadt so zu nennen, wie man sie schreibt. Seitdem es viele Menschen aus dem Rest der Bundesrepublik in die schöne Hauptstadt von Bayern zieht, bekommt man das *ü* wieder öfter zu hören. In anderen deutschen Dialekten ist der Umlaut nämlich nicht ausgestorben, was man schon daran merkt, dass die Neu-Münchner zum Entsetzen der Alteingesessenen auch ein »Tschüss« leicht und locker über die Lippen bringen.

Wo lebten die bayerischen Herrscher?

Erinnern sich noch alle an Heinrich den Löwen, den Brückenbauer und München-Gründer? Seine Herrschaft war nur von kurzer Dauer, 24 Jahre lang hatte er das Sagen. Seine Nachfolger stellten es geschickter an. Das waren die Wittelsbacher. Sie regierten Bayern ganze 738 Jahre lang. Erst trugen sie den Titel von Herzögen, dann den von Kurfürsten und schließlich sogar den von Königen. Sie wählten München zur ihrer Residenzstadt. Ohne diese sehr erfolgreiche Herrscherfamilie und vor allem ohne ihre Leidenschaft für das Bauen wäre München nie und nimmer das geworden, was es heute ist.

Die Münchner haben ihren Herrschern ein treues Andenken bewahrt, und einige wünschen sich einen echten König zurück. »Wir brauchen keinen König, aber schöner wär's«, seufzt so mancher. Doch das war keineswegs immer so. Das Verhältnis zwischen den Herrschern über Bayern und den Bürgern der Stadt München war zeitweise ziemlich angespannt. Der Grund waren vor allem die hohen Steuern, die den Untertanen auferlegt wurden. Mitunter rumorte es gewaltig im Volk. Sicherheitshalber haben die Wittelsbacher deshalb ihre Residenzen stets außerhalb der Stadtmauern errichtet. Es ist kein Spaß: Sie wollten sich auf jeden Fall den Fluchtweg freihalten.

Als die Wittelsbacher um 1250 herum nach München kamen, bauten sie, wie im Mittelalter üblich, eine Burg. Damals lag sie außerhalb der Stadtmauern. Diese Burg existiert noch, nur liegt sie heute unmittelbar im

Zentrum – woran man sehen kann, wie klein München am Anfang noch war. Man braucht nur ein paar Schritte vom Marienplatz die Burgstraße entlangzugehen, schon steht man direkt vor dem Eingangstor des Alten Hofes. Heute sind in das alte Gemäuer Geschäfte, Banken und auch ein paar Privatleute eingezogen. Der Boden aus Kopfsteinpflaster ist nicht ganz grade, sondern ein bisschen abschüssig, in der Mitte murmelt ein Brunnen vor sich hin, um ihn herum stehen drei alte Bäume. Wer sich genau umsieht, erkennt auch einen Holzerker. Mit ihm verknüpft sich eine Anekdote um Ludwig den Bayern (1281–1347), der in der Burg geboren wurde und als erwachsener Herrscher München zu einer in ganz Europa bekannten Metropole machte.

> *Am Alten Hof soll es eine sogenannte »Meckertür« gegeben haben. Münchner, die sich über irgendetwas beschweren wollten, konnten dorthin gehen. Sie dachten, dahinter säße sicher der Herzog und würde ihnen Gehör schenken. Und würde dann den Missstand beheben. Tatsächlich saß dort irgendeine andere Person.*

Die Wittelsbacher hielten sich gerne Haustiere. Darunter war auch ein dressierter Affe, der immer neugierig beobachtete, wie die Amme den kleinen Ludwig in den Armen wiegte. Das wollte er auch einmal ausprobieren. Also schnappte sich der Affe das Baby in einem unbeobachteten Augenblick und nahm es in den Arm. Als die Amme das sah, schrie sie entsetzt auf. Das Tier erschrak und lief, vom ganzen Personal verfolgt, durch die Burg. Schließlich kletterte es mit Ludwig im Arm sogar hinauf

Die Kinder von Herrschern wurden sehr streng erzogen und hatten einen genau geregelten Tagesablauf. Kurfürst Maximilian I. (1573–1651) musste als Junge um sechs Uhr zum Beten aufstehen. Anschließend gab es ein kleines Frühstück. Um acht Uhr war Kirchgang. Bis Mittag musste er Deutsch und Latein lernen. Nach dem Mittagessen standen Fechten, Reiten, Fischen und Jagen auf dem Programm. Schließlich musste er Orgel spielen und danach ein Handwerk wie das Schmieden oder Drechseln erlernen. Abends um acht ging der Tag für ihn mit einem Gebet zu Ende.

auf den Erker. Im Hof unten breitete man schnell Kissen und Decken aus, damit Ludwig möglichst wenig passierte, wenn er fallen sollte. Schließlich hatte Ludwigs Mutter die rettende Idee: Sie schimpfte den Affen nicht und schrie auch nicht, sondern lockte ihn mit Leckerbissen zurück ins Haus. Angeblich hat der Affe dann Ludwig zuerst ins Bett gebracht und dann die Süßigkeiten gefressen. Eine hübsche Geschichte ist das, und sie wird bei Stadtrundgängen auch immer wieder erzählt. Aber ob sie auch wahr ist? Dafür gibt es keinen Beleg.

Um 1400 verließen die Wittelsbacher die alte Burg, wo der Affe so viel Unruhe gestiftet hatte. Es wurde ihnen einfach zu eng. Ein paar hundert Meter entfernt bauten sie eine neue Burg, die Neuveste, die sogar von einem Wassergraben umgeben war. Diese Neuveste wurde die Keimzelle der neuen Residenz, die die Wittelsbacher immer prächtiger ausbauten. Jeder Herrscher gestaltete das Schloss nach seinem Gutdünken um – und das offenbar mit viel Geschmack. Das zeigt eine Episode aus dem Jahr 1632, als München vom schwedischen König Gustav Adolf besetzt wurde. Er verschonte München und machte dem Schloss sogar ein Kompliment. Er sagte, am liebsten würde er es auf Rollen packen und nach Schweden bringen lassen.

Den spektakulärsten Anbau veranlasste Ludwig I. (1786–1868), der überhaupt bauwütigste von allen Wittelsbachern. Er ließ sich nach dem Vorbild eines Palasts in Florenz (des Palazzo Pitti) einen gewaltigen neuen Trakt errichten. An seiner Mauer sitzen bei warmem Wetter Münchner und Touristen aufgereiht und blinzeln in die Sonne, um sich ein bisschen auszuruhen.

Aber jahraus, jahrein in denselben vier Wänden wohnen? Das wollten die Wittelsbacher irgendwann nicht mehr. Also zog man im Sommer hinaus, weit vor die Tore der Stadt, ins Schloss Nymphenburg. Ursprünglich hatte der Kurfürst Ferdinand Maria im Jahr 1662 seiner Frau nur ein Landhaus im italienischen Stil bauen las-

Ludwig I. hatte das Ziel, aus München eine Stadt zu machen, »die jeder kennen muss, der Deutschland kennen will«. Er errichtete ein Bauwerk nach dem anderen: die nach ihm benannte Ludwigstraße mit dem Siegestor als Abschluss, eine große Gemäldesammlung (Pinakothek genannt), den Königsplatz, dessen Architektur im Stil der alten Griechen gehalten war, und vieles andere mehr. Weil er sich von den alten Griechen inspirieren ließ, nannte man München damals auch Isar-Athen. Einen Großteil der Kosten bezahlte Ludwig selbst.

sen, aus Dankbarkeit, weil sie ihm einen Sohn geboren
hatte. Eben dieser Sohn, Max Emanuel, legte später um
das Haus herum einen prächtigen Garten an. Beides,
Schloss und Garten, wurde immer größer, und am Ende
konnte dort die Hofgesellschaft einen ganzen Sommer
verbringen. Im Mai machte man sich auf den Weg. Die
4000 Bediensteten mussten zu Fuß gehen, sie brauch-
ten dafür ungefähr zwei Stunden. Die Wittelsbacher
hingegen wurden in Kutschen gefahren und waren in
einer halben Stunde da.

Das Schloss zählt, vor allem wegen seines herr-
lichen Parks, zu den schönsten Schlössern in ganz
Deutschland. Hier zieht ein Tempel den Blick auf sich,
dort breiten sich saftig grüne Wiesen aus, und in den
Händen von Götterfiguren aus Stein blitzen vergol-
dete Schwerter. Das Schloss gehört heute dem Staat
Bayern.

Was zeigt das Münchner Glockenspiel?

Auf dem Marienplatz kann man eine seltsame Beob-
achtung machen: Da stehen dreimal täglich Dut-
zende von Leuten und starren angestrengt auf den Turm
des Münchner Rathauses. Der Grund: das berühmte
Münchner Glockenspiel. Immer um elf, zwölf und im
Sommer um 17 Uhr setzen sich mehrere Figuren in
Bewegung, wozu verschiedene Melodien erklingen. Nur

wenige wissen, dass sich auch um 21 Uhr noch einmal etwas tut. Da erscheint ein Nachtwächter und bläst ins Horn. Und ein Engel segnet das Münchner Kindl. Zu diesem Zeitpunkt sind die vielen Touristen meist verschwunden, man hat das kleine Spektakel fast für sich allein. Allerdings muss man pünktlich da sein, es dauert nur ganz kurz.

> *Wer vor dem Münchner Rathaus steht, sollte sich nicht täuschen lassen: Es ist längst nicht so alt, wie es aussieht. Es wurde gerade mal vor rund 100 Jahren, 1909, eingeweiht. Man hat es nur im alten gotischen Stil gestaltet. Im Rathaus amtieren der Oberbürgermeister und der Stadtrat. Die Front zum Marienplatz hin ist ganze 100 Meter lang.*

Die abendliche Szene erklärt sich von selbst. Was die Figuren tagsüber zeigen, nicht unbedingt. Sie spielen auf zwei wichtige Ereignisse in der Münchner Geschichte an, die nicht jeder kennt. Die obere Hälfte zeigt eine berühmte Hochzeit. Im Jahr 1568 heiratete der Wittelsbacher Wilhelm V. eine gewisse Renata von Lothringen. Wenn ein hoher Herr heiratete, wurde das mit einem großen Fest gefeiert – in diesem Fall sogar mit einem ganz besonders großen. 18 Tage lang dauerte die Party, 500 Ochsen wurden geschlachtet, und zu guter Letzt fand auch noch ein Ritterturnier statt. Der Marienplatz war eigens mit Sand und Stroh aufgeschüt-

> *Die Straßen von München wurden erstmals 1393 gepflastert.*

tet worden, um den 5000 Reitern einen geeigneten Untergrund zu bieten. Mit Lanzen stießen sie sich gegenseitig vom Pferd. Sieger wurde ein Mann mit dem sonderbaren Namen Nothafft. Das Glockenspiel zeigt die beiden Eheleute, zu deren Füßen die Ritter aufein-

ander losstürmen. Beim zweiten Mal fällt der lothringi-
sche Ritter, wozu die Touristen unten kaum weniger laut
johlen als die Zuschauer im Jahr 1568.

Der untere Teil des Glockenspiels zeigt einen Schäff-
lertanz. Schäffler ist der bayerische Ausdruck für Fass-
macher. Früher waren alle Handwerker in sogenannten
Zünften organisiert, die ihre eigenen Trachten trugen.
Die der Schäffler besteht aus einer schwarzen Knie-
bundhose, einer roten Jacke, einer grünen Kappe und
einem weißen Federbusch. Mit diesem Gewand sind sie

> Den Mittelpunkt des Marienplatzes bildet die Mariensäule.
> Die vergoldete Maria steht auf einer Mondsichel, in der Lin-
> ken hält sie das Jesuskind, in der Rechten ein Zepter. Aufge-
> stellt hat sie Kurfürst Maximilian I. zum Dank dafür, dass
> München und Landshut im 30-jährigen Krieg vor der Zer-
> störung bewahrt blieben. Das war im Jahr 1638. Maximilian
> hat Maria auch zur Beschützerin Münchens und Bayerns
> erhoben. Auf Lateinisch heißt Letzteres: Patrona Bavariae.

auch am Glockenspiel zu sehen, wobei sich über ihre
Köpfe ein grün belaubter Reifen spannt. Durch diesen
Tanz haben die Schäffler angeblich die Münchner nach
einer schweren Zeit wieder auf die Straße gelockt –
nach der Pest. Die Seuche wütete mehrmals in München, am schlimmsten 1517. Tausenden kostete die
Krankheit das Leben, und niemand wusste, wie man die
fürchterliche Seuche eindämmen könnte. Selbst als sie
vorbei war, wagte niemand vor die Tür zu gehen, aus
Angst, sich anzustecken. Erst der Tanz der Schäffler
zeigte den Münchnern, dass die Luft sozusagen wieder

rein war. Das Leben ging weiter – und tatsächlich traf so mancher einen Freund, von dem er gedacht hatte, er wäre an der schrecklichen Krankheit gestorben.

Ein bisschen sieht das Glockenspiel wie eine riesige Spieldose aus: Die 32 Figuren – von den Rittern über das Herzogpaar bis zu den Spaßmachern – sind bis zu 2,10 Meter groß. Was Deutschland betrifft, ist das Münchner Glockenspiel das größte, europaweit das fünftgrößte. Das eigentliche Glockenspiel besteht aus 43 Glocken, die abwechselnd 22 Lieder spielen. Im Dezember etwa, zur Zeit des Christkindlmarkts, hört man »Oh Tannenbaum« über den Marienplatz schallen.

Wie kommt ein Englischer Garten nach München?

Um den Englischen Garten werden die Münchner beneidet: Mitten in der Stadt breitet sich ein riesiger Park aus. Fünf Kilometer ist er lang und stellenweise einen Kilometer breit. Hundebesitzer gehen mit ihren Vierbeinern Gassi, Jugendliche spielen Fußball und Kinder springen in Laubhaufen. Und über den Baumkronen erkennt man die Silhouette der Stadt: den Alten Peter, die Kuppeln der Frauenkirche, das Rathaus.

Wem verdanken die Münchner diesen Segen? Nun, zu allererst einmal den Engländern des 18. Jahrhunderts. Denn sie haben diese Art von Anlage erfunden. Ihr Ideal war es, einen Park wie natürliche Landschaft aussehen zu lassen. Die Wege waren von nun an geschwungen angelegt, die Bäume in lockerer Folge gepflanzt. Sträucher wurden nicht mehr geschnitten, und Bäche wanden sich eigenwillig durch die Grünanlage. Der englische war damit der Gegenentwurf zum französischen Park, der bis dahin in Europa in Mode gewesen war. Hier verlaufen die Wege schnurgerade, Bäume und Beete werden geometrisch angelegt, Sträucher geschnitten – und für Wasser sorgen keine Bäche, sondern Springbrunnen. Die Unterschiede lassen sich in München leicht studieren: Der Hofgarten an der Residenz ist als französischer Garten angelegt. Er wirkt wie mit Zirkel und Lineal geplant.

Dass die englische Erfindung etwas für die Münchner sein könnte, war ein Gedanke des Kurfürsten Karl Theodor (1724–1799). Eigentlich war er nur ein weitläufiger Verwandter der Münchner Wittelsbacher und deshalb überrascht, als ihm 1777 das Erbe Bayern zufiel. Und nicht nur überrascht. Er war unangenehm berührt. Viel lieber wäre er nämlich in seiner vormaligen Residenz in Mannheim geblieben. Ja, er machte sogar den Versuch, das ganze Bayernland gegen die Niederlande einzutauschen. Theoretisch hätte er das gedurft. Doch praktisch scheiterte der Tausch, und Karl Theodor musste sich damit abfinden, von nun an in München zu wohnen. Er fügte sich in sein Schicksal und nahm sich vor, München wenigstens nach seinen Vorstellungen umzugestalten.

Dazu gehörte auch ein englischer Garten. Er sollte für alle Bürger zugänglich sein. Das war neu. Denn viele Grünanlagen waren bis dahin exklusiv für die adelige

Hofgesellschaft reserviert. Die Arbeiten übernahm ein gewisser Friedrich Ludwig von Sckell, ein Mann, den Carl Theodor aus Mannheim mitgebracht hatte. Er ließ nach seinen Plänen drei Jahre lang arbeiten: Nicht nur tags, auch nachts wurde gewerkelt, bei künstlicher Beleuchtung. Fast wie auf einer modernen Baustelle ging es zu. 1792 wurde der Englische Garten für die damals 40 000 Münchner eröffnet. Und es kam noch besser. Bald nach der Einweihung wurde ein riesiger Teich ausgehoben – der Kleinhesseloher See, auf dem man heutzutage im Sommer so schön Tretboot fahren und im Winter Schlittschuh laufen kann. Das Erdreich schüttete man an anderer Stelle auf und errichtete ganz oben einen kleinen Tempel mit dem Namen Monopteros – noch heute ein schöner Aussichtspunkt.

> Obwohl er einen so schönen Garten hat anlegen lassen, ist Karl Theodor bei seinen Untertanen nie beliebt gewesen – sie haben es ihm nicht verziehen, dass er Bayern gegen die Niederlande eintauschen wollte. Sie weigerten sich sogar, den nach ihm benannten Karlsplatz tatsächlich so zu nennen. Lieber sagten die Münchner »Stachus« – nach einem gewissen Eustachius Föderl, der dort ein Gasthaus betrieb.

Wenn die Münchner behaupten, der Englische Garten sei einer der größten der Welt, dann ist das nicht geprahlt. Es stimmt. Er ist mit seinen 3,7 Quadratkilometern größer als der Hyde Park in London und der Central Park in New York. Das Wegenetz beträgt 78 Kilometer, 100 Brücken führen über rauschende Bäche, 150 verschieden Vogelarten brüten und singen in den

Bäumen. Übrigens: Aus den Zeiten von Karl Theodor leben noch Bäume. Um die 200 Stück sind es angeblich. Und: München wäre nicht München, wenn den Abschluss des Englischen Gartens im Norden nicht ein Biergarten bilden würde. Es ist der Aumeister, benannt nach dem Förster, der sich hier früher um Wald und Wild kümmerte.

Was sind Viktualien?

Es gibt Menschen, die sagen: Wenn man den Viktualienmarkt nicht gesehen hat, kennt man München nicht. Hier findet man alles, was die Stadt ausmacht: Einheimische und Touristen kommen zwanglos zusammen, in der Luft mischt sich der Geruch von gebratenen Würsteln mit dem Aroma reifer Früchte, und die Erwachsenen können sich gemütlich den Nachmittag bei einem Bier vertreiben. Es geht sinnlich und lebensfreudig zu. Und wer an den 140 Ständen etwas einkaufen will, zahlt zwar ein bisschen mehr, aber dafür sind die Stände auf dem Viktualienmarkt schöner als die wohlgeordneten Regalreihen der Supermärkte.

Womit die Frage, die wir in der Überschrift gestellt haben, auch schon beantwortet ist: Viktualien ist das alte lateinische Wort für Lebensmittel. Und der Viktualienmarkt folglich ein Lebensmittelmarkt. Er liegt gleich neben dem Marienplatz, am Fuß des Alten Peter. Übrigens erkennt man an der Art, wie einer das Wort aus-

spricht, ob er aus München stammt oder nicht. Die Einheimischen sprechen es mit hartem *V* aus, als ob sie Fiktualien sagen würden. Zugereiste sprechen das *V* weich aus, so dass es nach Wiktualien klingt.

Der Gründer des Viktualienmarktes hieß Max I. (1756–1825) und war der erste bayerische König. Max war ein volksnaher Regent. Er liebte es, mit seinen Untertanen zu plaudern. Vor allem auf dem Marienplatz, wo seit Jahrhunderten der Markt abgehalten wurde. Doch München platzte um 1800 aus allen Nähten. Besonders der Marienplatz: Wo noch zu Beginn der Stadtgeschichte 2500 Bewohner versorgt wurden, waren es nun 45 000. Die Zustände waren nicht mehr lustig: Der Markt glich eher einem Tumult, das Geschrei der Händler dröhnte dem König in den Ohren. Im Jahr 1807 schritt er ein: Er verfügte den Umzug auf ein größeres Gelände.

Platz dafür schuf der König mit Gewalt: Er ließ das altehrwürdige Heilig-Geist-Spital kurzerhand abreißen. Es bestand aus einer Kirche, der Heilig-Geist-Kirche, und mehreren großen Bauten für die Ärmsten der Armen. Spital ist ein alter Ausdruck für Krankenhaus, und tatsächlich wurde dort wichtige Arbeit getan: Mönche kümmerten sich um Verrückte, Kranke, Waisenkinder sowie um Pilger. Doch dem König lag das Schicksal seines Marktes mehr am Herzen, das Spital wurde abgerissen, oder, wie es früher hieß, »demoliert«. Nur die Kirche blieb stehen, am Rande des neuen Markts.

Die Millionengrenze hat München im Jahr 1957 überschritten.

Damals konnte es schon einmal passieren, dass Köchinnen auf dem Heimweg von den Ständen einfach quer durch das Gotteshaus marschierten und die fromme Andacht störten. So mancher Gockel soll damals auf den Altar gesprungen sein.

> Das Heilig-Geist-Spital war Ausgangspunkt für viele Wohltaten. Auch für den sogenannten Breznreiter. Fast 500 Jahre lang schickte eine wohlhabende Familie mit dem Namen Wadler einmal im Jahr einen Reiter durch die Münchner Gassen, damit er an die Armen Brezn verteilte. Die Eisen des Pferdes waren ein bisschen gelockert, damit man den Breznreiter schon von weitem hören konnte. Das war ein schöner Brauch. Aber im Jahr 1801 fand er ein jähes Ende. Da wurde der Breznreiter vom Pferd gezogen und verhauen. Der Grund: München war in der Zwischenzeit so groß geworden, dass die Brezn nicht für alle Armen reichten. Viele gingen leer aus.

Überhaupt ging es auf dem Markt nicht sonderlich gepflegt zu. Es gab noch kein Pflaster, bei Regen stand man im Schlamm. Bis 1870 fehlte eine feste Standordnung, deswegen waren handfeste Streitereien und Raufereien an der Tagesordnung. Verkauft wurde direkt vom Karren. Lange handelte es sich um einen typischen Bauernmarkt, wo angeboten wurde, was auf den Feldern der Umgebung wuchs: Karotten etwa oder Kartoffeln. Erst als 1869 eine Eisenbahn von Italien nach Deutschland gebaut wurde (die sogenannte Brenner-Eisenbahn), kamen Südfrüchte wie Zitronen, Bananen und Ananas dazu. Es war auch Mitte des 19. Jahrhunderts, als sich der Viktualienmarkt mit einem besonders schönen Gebäude schmückte: der Schrannenhalle. 1853 wurde sie eröffnet. So etwas wie diese Halle hatte man in München noch nie gesehen, denn sie bestand nur aus Eisen und Glas. Verkauft wurde dort Getreide.

Auf dem Viktualienmarkt stehen sechs Brunnen für die beliebtesten Münchner Komiker. Es sind Karl Valentin, Liesl Karlstadt, Weiß Ferdl, Elise Aulinger, der Roider Jackl und Ida Schumacher. Auf dem Brunnen von Karl Valentin liegen immer frische Rosen. Ida Schumacher hat die sogenannte »Ratschkathl« erfunden, eine Marktfrau, die so schimpfen konnte, dass alle darüber lachen mussten.

Es hat nicht viel gefehlt, und es gäbe heute den Viktualienmarkt nicht mehr. Wie so vieles andere in München fiel er den Bomben im Zweiten Weltkrieg zum Opfer. Nichts war übrig von der alten Herrlichkeit. Der Stadtrat spielte sogar mit dem Gedanken, auf dem Gelände Hochhäuser zu bauen. Da protestierten die Münchner, allen voran die Marktfrauen, heftig und retteten ihren Markt. Die Stadt beschloss sogar, den Markt zu verschönern. Die Stände erhielten Kupferdächer, Bäume wurden gepflanzt, Laternen verbreiteten jetzt ein angenehmes Licht. Vermutlich würde es auch heute dem König Max gefallen, über den Markt zu spazieren und sich mit den Marktfrauen zu unterhalten.

Wer hat die Weißwurst erfunden?

Es gibt Touristen, die kommen nach München und gehen, sobald sie der Hunger überfällt, zu McDonald's. Andere nutzen die Gelegenheit und verzehren die einheimische Spezialität schlechthin: Weißwürste. Sie gelten als speziell Münchnerisch, was sie auch wirklich sind. Zu den leicht gebogenen, dicken, weißen und stets heiß servierten Würsten passt am besten süßer Senf, eine Brezn und – jedenfalls für die Erwachsenen – ein Weißbier. Wer das alles nicht wenigstens einmal probiert hat, hat ein Stück München verpasst.

Es gibt eine Legende, die den Namen des Weißwurst-Erfinders beim Namen nennt. Es soll der Sepp Moser gewesen sein. Er war Metzger und Wirt zugleich. Seine Wirtschaft hieß »Zum ewigen Licht« und lag ganz in der Nähe des Marienplatzes. Zum ewigen Licht? Ein seltsamer Name! Er kommt daher, dass es in dem kleinen, engen Raum kein einziges Fenster gab. Deshalb musste immer eine Kerze brennen, damit die Gäste sich zurechtfinden konnten. Das war damals nichts Ungewöhnliches, im Gegenteil: Die Münchner liebten kleine, enge Gasthäuser. Außerdem durften dort nur Männer hinein, für Frauen war der Zutritt verboten. Heute wäre das ein Unding, damals jedoch war es gang und gäbe. Die Wirtschaft existiert noch, heißt aber »Bistro am Marienplatz« und erinnert in nichts an den düsteren Vorgänger.

Bei der Erfindung der Weißwurst soll es nun folgendermaßen zugegangen sein. Man schrieb den Rosenmontag des Jahres 1857. Der Sepp Moser wollte auch

an diesem Tag seine Spezialität herstellen – Kalbswürstel. Sie bestanden aus ganz fein gehacktem Kalbfleisch, sogenanntem Kalbsbrät. Das Kalbsbrät wurde in den Darm von Schafen gestopft, der so fest ist, dass die Würstel gebraten werden konnten, ohne zu platzen. An diesem Rosenmontag hatte der brave Wirt aber plötzlich ein Problem. Der Lehrling hatte statt der Schafsdärme Schweinedärme besorgt. Sie sind viel dünner und halten es nicht aus, wenn sie gebraten werden.

Was tun? Weil Rosenmontag war, konnte der Sepp Moser nicht auf die Schnelle noch besorgen, was ihm fehlte. Also machte er aus der Not eine Tugend und füllte das Kalbsbrät in Schweinedärme. Statt sie zu braten, warf er die neue Kreation einfach in heißes Wasser. Und siehe da – es funktionierte. Vor allem den Ratsherren, die von einer Sitzung gekommen waren und nach Essen verlangten, schmeckte es offenbar ganz ausgezeichnet. Am nächsten Tag wiederholte der Sepp Moser angeblich sein Experiment, es glückte erneut. Außerdem soll

Der Weißwurstäquator ist eine spaßige Bezeichnung für die Donau, die Grenze des alten Bayern. Damit ist gemeint: Wo Weißwürste gegessen werden, da ist Bayern. Und Bayern ist eine Welt für sich.

ihm ein Gast noch den Tipp gegeben haben, Petersilie hineinzumischen – fertig war das Rezept.

Ob die Legende stimmt oder nicht, ist unklar. Den Sepp Moser hat es jedenfalls gegeben, die Wirtschaft zum ewigen Licht auch. Ob er auf die überlieferte Art die Weißwurst erfunden hat, weiß man allerdings nicht, schließlich lebt niemand mehr, der damals am Kochtopf gestanden hat.

Bis heute gibt es die Redensart, dass Weißwürste nicht das Mittagsläuten erleben dürfen. Das stammt aus der Zeit, bevor der Kühlschrank erfunden wurde. Die Weißwürste sollten besonders frisch gegessen werden. Heute kriegt man Weißwürste in München zu jeder Tages- und Nachtzeit.

Bleibt nur noch zu klären, wie man Weißwürste isst. Darüber gehen die Meinungen in München stark auseinander. Die eine, von vielen bevorzugte Art funktioniert ohne Messer und Gabel. Man nimmt die Weißwurst einfach in die Hand und zuzelt, also saugt sie an einem Ende aus. Das schaut ein bisschen unzivilisiert aus, ist aber im Fall der Weißwurst laut Tradition angebracht. Der Nachteil: Die Wurst ist sehr heiß, weil sie frisch aus dem Kochtopf kommt. Man kann sich leicht die Finger verbrennen. Bei der zweiten Art nimmt man Messer und Gabel in die Hand: Man schneidet die Wurst nicht quer in kleine Stücke, sondern längst in zwei Hälften, schiebt die jeweiligen Hälften mit der Gabel von der Haut und führt sie Richtung Mund. Aber so wenig es ein strikt zu befolgendes Einheitsrezept für die Wurst gibt, so wenig existiert eine einheitliche Regelung für den Verzehr. Eigentlich ist alles erlaubt. Ein Münchner Wirt gibt sogar offen zu, die Wurst mit der Haut zu essen, was außer ihm wohl kein Münchner macht. Und er schämt sich kein bisschen dafür.

Warum wird das Oktoberfest im September gefeiert?

Einmal im Jahr tut der Münchner Oberbürgermeister einen kräftigen Schrei. »Ozapft is!«, ruft er. Für alle Nicht-Bayern muss das übersetzt werden. Es bedeutet: Es ist angezapft! Nämlich das erste Faß Bier auf dem Oktoberfest. Es handelt sich um das größte Volksfest der Welt: Normalerweise kommen über sechs Millionen Besucher, und das nicht nur aus München und aus Deutschland, sondern aus ganz Europa, ja aus der ganzen Welt. Es gibt viele Erwachsene, die freuen sich auf dieses Fest wie die Kinder auf Weihnachten. Und so mancher Australier nimmt seinen Jahresurlaub, um ja keinen Tag zu verpassen.

Am Anfang des Spektakels stand eine Hochzeit. Der Sohn von Max I. (genau, der den Viktualienmarkt gegründet hat) hatte die Richtige gefunden. Der Bräutigam hieß Ludwig und sollte später einer der berühmtesten bayerischen Könige werden. Die Braut hieß Therese von Sachsen-Hildburghausen. Beide gaben sich am 12. Oktober 1810 das Jawort. Um dem hohen Brautpaar zu huldigen, bat der reiche Münchner Bankier Andreas von Dall'Armi, eigentlich ein Italiener, ein Pferderennen veranstalten zu dürfen. Der Kronprinz erlaubte es. Und so fand am 17. Oktober 1810 das erste Oktoberfest statt. Es drehte sich kein Riesenrad, es floss kein Bier wie heute – nur Pferde jagten über das Grün. Übrigens war es auch die Idee des ersten Organisators, Andreas von Dall'Armi, die große Wiese, die damals noch weit vor den Toren der Stadt lag, nach der Braut zu benennen. Seither heißt sie Theresienwiese. Die Münchner nennen das ganze Fest auch »Wiesn«. Wobei »Wiese« kaum mehr der richtige Ausdruck ist. Das Gelände ist längst asphaltiert.

Das Fest war ein großer Erfolg. Deshalb wurde es im Jahr darauf wiederholt. Einige Jahre später, 1819, übernahm die Stadt München die Organisation – das ist bis heute so. Zu den großen Errungenschaften unter der Regie der Stadt gehört es, dass man das Fest in den September vorverlegte. Das geschah im Jahr 1872. Der einfache Grund: Im September herrscht in München erfahrungsgemäß besseres Wetter.

Das Fest beginnt immer am ersten Samstag nach dem 15. September und endet am ersten Sonntag im Oktober. Seitdem am 3. Oktober der Tag der deutschen Einheit gefeiert wird, gilt folgende Regelung: Fällt der erste Oktobersonntag auf den 1. oder 2. Oktober, wird bis zum Feiertag verlängert.

Das erste Wiesnwochenende folgt einer inzwischen lieb gewordenen Gewohnheit: Am späten Samstagvormittag setzt sich der Zug der Wiesnwirte in Richtung Theresienwiese in Bewegung. Das ist seit 1887 schöner Brauch. Vorneweg reitet das Münchner Kindl auf seinem Ross, dahinter folgen der Oberbürgermeister und der Ministerpräsident von Bayern in ihren Kutschen. Ihnen wiederum folgen auf prächtig geschmückten Wagen die Wirte. Punkt zwölf Uhr sticht der Oberbürgermeister das erste Bierfass an, wobei sich alle fragen, wie viele Schläge er brauchen wird, um den Zapfhahn ins Fass zu treiben. Sind es zwei? Drei? Diese Meldung ist den Zeitungen stets eine Schlagzeile wert.

Am Tag darauf, dem Sonntag, findet der Trachten-
und Schützenzug statt. Auch er wurde zum ersten Mal
zu Ehren von Ludwig I. und seiner Gemahlin organisiert. Allerdings nicht zu ihrer Hochzeit, sondern erst zu
ihrer Silberhochzeit, das heißt nach 25 Ehejahren. Das
war im Jahr 1835. Aus ganz Bayern kamen Menschen
mit den farbenfrohen Trachten ihrer Region, um sich
dem königlichen Paar zu zeigen. Ludwig war übrigens
ein Freund der Tracht: Er war der erste König, der die
Tracht »hoffähig« machte. Der Trachten- und Schützenzug ist seit 1950 fester Bestandteil jeder Wiesn, und
die Gruppen kommen mittlerweile nicht nur aus ganz
Bayern, sondern aus ganz Europa.

Für die meisten Erwachsenen steht auf der Wiesn das
Bier im Vordergrund. Das hat sich schon im 19. Jahr-
hundert so entwickelt: Aus dem Huldigungsfest zu
Ehren der bayerischen Könige wurde allmählich ein
Fest, auf dem sich die Menschen mit Bier berauschten.
Eine alte Verordnung besagt, dass nur Brauereien, die in
München ihren Sitz haben, für die Wiesnbesucher das
Bier heranschaffen dürfen. Diese Verordnung hat schon
ein paar Mal für Aufregung gesorgt. Denn ausgerechnet

ein Urururenkel von Ludwig I., also dem Mann, dem man das erste Oktoberfest verdankt, ist ebenfalls Brauer geworden. Er darf aber nicht auf der Wiesn ausschenken, weil seine Brauerei außerhalb von München liegt.

Kinder halten sich viel lieber in der Schaustellergasse auf, die parallel zu der Straße mit den großen Zelten verläuft. Wer gerade in der ersten Woche tagsüber der Wiesn einen Besuch abstattet, der kann in aller Ruhe mit den Eltern von einer Attraktion zur nächsten schlendern. Es ist für jeden Geschmack etwas dabei. Da findet man eine Schiffsschaukel, die einen hoch in den

*Der vielleicht berühmteste Mann, der je auf der Wiesn gearbei-
tet hat, war der Physiker Albert Einstein, der Begründer der
Relativitätstheorie. Als Lehrling einer Elektrofirma half er in
einem Festzelt mit, Glühbirnen reinzudrehen. Das ist aber nicht
der Grund, warum ihm die Haar so zu Berge gestanden sind.*

Münchner Himmel trägt. Beim »Hau den Lukas« kann
man seine Kräfte messen. Wer sich gern gruselt, steigt
in die Geisterbahn ein. Vielleicht mag auch jemand den
Flohzirkus sehen? Da bewegen die winzigen Tiere
Karussells und Kutschen oder schießen Bälle ins Tor.
Irgendwo pfeift der Vogeljakob, der gekonnt die Stim-
men von Vögeln nachahmt. Und wer schon ein bisschen
älter ist und sich das zutraut, steigt in eines der Fahrge-
schäfte ein, das einen gewaltig durch die Luft wirbelt,
so dass einem auch schon mal speiübel werden kann.

Warum wird der FC Bayern München so oft Deutscher Meister?

Es ist fast immer dasselbe Bild im Mai: Auf dem Rat-
hausbalkon schwenken Männer in Lederhosen eine
silberne Schale, während drunten Tausende toben und
jubeln. Die Männer droben sind die Spieler des FC
Bayern München, die Menschen drunten ihre Fans.
Dann ist der Münchner Verein wieder einmal deutscher
Meister in der beliebtesten Sportart hierzulande, dem

Fußball, geworden. Während man in Bayern selig ist, dass der Triumph erneut gelungen ist, ärgert man sich im übrigen Deutschland darüber, dass man es wieder einmal nicht verhindern konnte.

Nun ist es ja so, dass die Bayern ein ziemlich eigensinniges, stolzes Volk sind. »Mir san mir« lautet ihr Motto, also: Wir sind wir – und was andere tun oder lassen, ist uns Bayern nicht wichtig. Dieses Selbstbewusstsein verkörpert der FC Bayern. 19 Mal sind die Roten, wie sie auch heißen, seit der Einführung der Bundesliga in den sechziger Jahren deutscher Meister geworden – so oft wie kein anderer Verein. Etwas anderes als der erste Platz in der Tabelle kommt für den Verein und die Fans auch überhaupt nicht in Frage. Spieler, die dorthin wechseln, müssen damit erst einmal zurechtkommen.

Dabei ist die Geschichte des FC Bayern nicht von Anfang an eine einzige Erfolgsgeschichte. Lange stand der Verein im Schatten eines anderen Münchner Vereins, des TSV 1860 München – der Blauen, wie sie auch genannt werden. Die besten Fußballer aus ganz Bayern gingen selbstverständlich dorthin. In den sechziger Jahren beherrschten die Blauen Fußball-Deutschland.

Der FC Bayern war ein kleiner, im Jahr 1900 im Stadtteil Schwabing gegründeter Club für Akademiker, also Leute, die gebildet waren. Zwischenzeitlich gab es dort sogar die Regelung, dass, wer mitspielen wollte, Abitur haben musste. Was natürlich umso sonderbarer war, als es vor allem Arbeiterkinder waren, die gerne und gut Fußball spielten. Deshalb nahm man den Verein nicht so richtig ernst.

Der Aufstieg begann, als der FC Bayern das große Glück hatte, dass drei große Fußballer fast gleichzeitig für den Verein zu spielen anfingen. Der erste war Sepp Maier. Er war in Haar in der Nähe von München daheim und süchtig nach Fußball. Der Vater arbeitete in der dortigen Nervenklinik und ließ einmal ein paar Bretter mit-

> In ihren ersten Bundesliga-Jahren spielten die Bayern im Grünwalder Stadion vor etwa 20 000 Zuschauern. 1972 zogen sie wie der TSV 1860 ins neue Olympiastadion um. Dort konnten ihnen von nun an 70 000 Fans zuschauen; ein entscheidender Vorteil in einer Zeit, als die Vereine vor allem von den Zuschauer- und nicht von den Fernseheinnahmen lebten. Weil aber im Olympiastadion die Fans relativ weit vom Geschehen entfernt waren und deshalb nicht die Stimmung aufkam wie in anderen Stadien, wurde ein reines Fußballstadion mit ebenfalls 70 000 Plätzen gebaut: die 2005 eröffnete Allianz-Arena. Wenn die Bayern spielen, schimmert die Außenwand der Allianz-Arena rot, wenn die 60er spielen, blau.

gehen, damit er seinem Sohn ein Tor bauen konnte. Dabei wurde er erwischt und verlor sogar seinen Job. Sepp Maier spielte ursprünglich beim TSV Haar, und zwar am liebsten im Sturm. Aber: Kurz vor einem Spiel gegen den FC Bayern hatte sich der Torwart verletzt, und Sepp Maier stellte sich zwischen die Pfosten. Er flog und hechtete 90 Minuten lang. Am Ende hatte Haar 12:0 verloren; doch der Trainer der Jugendmannschaft des FC Bayern fand, dass Haar ohne den Sepp Maier 20 oder gar

30:0 verloren hätte. Er lud ihn zu den Bayern ein – und dort blieb der Sepp Maier. Mit seinen katzenartigen Reflexen hat er dem FC Bayern mehr als einen Sieg festgehalten.

Der zweite große Fußballer war Franz Beckenbauer. Er war in Giesing, einem Münchner Ortsteil, aufgewachsen und spielte beim dortigen SC 1906. Er galt schon früh als eines der größten Talente in München und wollte nur eines: möglichst schnell zum TSV 1860 gehen und dort ganz große Erfolge feiern. Eines Tages spielte seine Mannschaft gegen die Jugend des TSV 1860. Beckenbauer war so gut, dass sich sein Gegenspieler gedemütigt fühlte – und ihm eine satte Ohrfeige gab. Da stand für Beckenbauer fest, dass er zu diesem eben noch so bewunderten Verein niemals gehen würde. Es gibt Leute, die sagen, dass diese Watschen ausschlaggebend war für den rasanten Aufstieg des FC Bayern. Beckenbauer wurde ein herausragender Spieler. Sein Trainer ließ ihn hinten spielen, weil er fürchtete, dass seine Gegenspieler ihn vorne in ihrem Ärger treten und verletzen würden. Also gestaltete er das Spiel von hinten heraus mit so großer Eleganz, dass man ihn bald den »Kaiser« nannte. Er wurde für den Verein sehr wichtig, nicht nur als Spieler, sondern danach auch als Trainer und Präsident.

Der Dritte im Bund war Gerd Müller. Er stammte nicht aus München, sondern aus Nördlingen in Schwaben. Er war klein und stämmig und wurde immer unterschätzt. »Was will denn der Dicke hier?«, schrien die Gegner, wenn der junge Müller auf das Spielfeld lief. Doch der kleine Dicke schoss Tor um Tor. Schließlich drang sein Ruf auch nach München, der TSV 1860 und der FC Bayern wurden etwa zur gleichen Zeit auf ihn aufmerksam. Dass er zu den Bayern ging, war eine Sache von Stunden. Die Abgesandten der Bayern waren am Vormittag da und überzeugten Müller, zu ihnen zu kommen. Kaum hatten sie das Haus durch die Hintertür verlassen, standen die Offiziellen des TSV 1860 München vor der Tür – vergeblich. Müllers Entschluss stand fest, zum Segen für den FC Bayern. In 427 Bundesligaspielen schoss er 365 Tore, ohne ihn wäre der FC Bayern niemals das geworden, was er heute ist. Noch heute werden die besten Stürmer – derzeit Luca Toni und Miroslav Klose – mit ihm verglichen.

Und warum ist der FC Bayern seither so oft Meister geworden? Darüber gehen die Meinungen etwas auseinander. Die Bayern-Fans sagen: Der Verein hat sich nie auf den Erfolgen der Vergangenheit ausgeruht, sondern jeden Tag konsequent für den nächsten Erfolg gearbeitet. Außerdem, sagen sie, haben die Bayern immer ein großes Geschick an den Tag gelegt, ihre Mannschaft erfolgreich zu erneuern. Auf Maier, Müller und Beckenbauer folgten Hoeneß, Breitner und Rummenigge. Ihre Nachfolge traten Matthäus, Augenthaler und Pfaff an. Die nächsten Erfolgsgaranten hießen Kahn, Effenberg und Elber. Immer wieder ist es ihnen gelungen, gute Spieler zu finden und aus ihnen – was ja noch schwieriger ist – gute Mannschaften zu formen. Außerdem sei das typisch bayerische Selbstbewusstsein zu allen Zeiten hilfreich gewesen. So lange den Bayern ihr »Mir san mir«-Gefühl nicht abhanden komme, werden auch Erfolge nicht ausbleiben.

> *Der FC Bayern gehört nach Manchester United, Arsenal London und dem FC Barcelona zu den Vereinen, die weltweit am meisten Mitglieder haben. Zur Zeit sind es 135 000. Die Anzahl der Fans wird weltweit auf 15 Millionen geschätzt.*

Bayern-Gegner erklären sich den Dauererfolg anders, weniger schmeichelhaft. Sie sagen, dass der FC Bayern einfach mehr Geld hat als die anderen 17 Vereine der Bundesliga. Und von dem vielen Geld könnten sie eben die besten Spieler kaufen, vor allem die besten Spieler aus der eigenen Liga. Dadurch würden die Kleinen immer schwächer und die Großen, also die Bayern, immer stärker. Auf lange Sicht, sagen sie, werde sich das allerdings rächen. Denn wenn sie in der Liga nicht ernsthaft gefordert werden, werden die Bayern auch im internationalen Wettbewerb Schwierigkeiten bekommen.

Der bekannteste Fanclub des FC Bayern ist in der Nähe des Chiemsees daheim. Es sind die 13 Höslwanger. Tatsächlich hat er nicht nur 13, sondern 2500 Mitglieder. Er nennt sich nur so, weil nach einer alten Legende 13 Höslwanger die Pest überlebt haben sollen. Die Höslwanger reisen, wie es sich für einen Fanclub gehört, den Bayern überallhin nach und tauchen immer in Trikot und Lederhosen auf.

Man sieht: Am FC Bayern scheiden sich die Geister. Doch so viel ist gewiss: Wenn die Bayern gegen große Mannschaften wie Real Madrid, Manchester United oder AC Mailand spielen, dann halten diesem Münchner Verein doch alle, bis auf die ganz erbitterten Bayern-Hasser vielleicht, die Daumen. Weil sie die einzigen sind, die wirklich international mithalten können. Seit 40 Jahren tragen sie den Namen jener Stadt in alle Welt, die einmal ganz klein angefangen hat. Mit nichts als einer Brücke über die Isar. 850 Jahre ist das her.

Volker Ufertinger, geboren 1968, hat Germanistik studiert und arbeitet als Journalist. Er lebt in München.

Bernd Wiedemann, geboren 1970, ist freier Illustrator. Er lebt in der Nähe von München.

Verlagsgruppe Random House FSC® N001967

2. Auflage
Copyright © 2008 Deutsche Verlags-Anstalt, München,
in der Verlagsgruppe Random House GmbH
Alle Rechte vorbehalten
Gestaltung und Satz: Verlagsservice Rau, München
Gesetzt aus der Fairfield, Gill Sans
Umschlaggestaltung: Berndt & Fischer, Berlin
Lithographie: Helio Repro GmbH, München
Druck und Bindung: CPI books GmbH, Leck
Printed in Germany
ISBN 978-3-421-04335-1

www.dva.de
www.die-kinder-uni.de

nach
Nymphenburg

9

7

6

1

5
2

N

8

zur heutigen Wiesn